Las Banderas

Escrito por Chris Jaeggi Ilustrado por Meyer Seltzer

© 1995 por Rand McNally & Company
Derechos reservados.
Publicado e impreso en los Estados Unidos de América

Nos rodean banderas por todas partes. Tú puedes ver banderas en frente de las bibliotecas, los bancos y otros edificios.

Las banderas representan cosas que nos interesan, así como nuestro país.

La mayoría de las banderas son rectangulares o cuadradas con diseños que tienen un significado especial.

Estados Unidos de Norteamérica

Canadá

Africa del Sur

Japón

Alemania

Los diseños pueden ser círculos, estrellas, rayas, o cruces. Algunas banderas también tienen un sol, un animal, un pájaro, o una flor.

México

India

Corea del Sur

California, E.U.A.

Suiza

El rojo, el blanco, el verde y el amarillo son colores populares en las banderas.

Todos los colores, diseños y dibujos en las banderas significan algo. La bandera de los Estados Unidos de Norteamérica tiene 50 estrellas—una estrella por cada estado.

En la bandera de Canadá hay una hoja de arce y en la de México hay un diseño oficial.

En lugares donde vive la gente—países, estados y provincias—hay banderas. Si se forma un nuevo país, ¡se le da una bandera nueva!

Cualquier persona o grupo también puede tener una bandera. Los reyes, las reinas y los presidentes tienen sus propias banderas. Al igual que ciertos negocios.

Las banderas por lo general flotan en astas. Pero puedes ver banderas en camisetas, botones, letreros para carros y llaveros.

Aun en los aviones y cohetes hay banderas pintadas.

Nosotros celebramos los días especiales con desfiles. Algunas de las personas que marchan en los desfiles llevan banderas grandes. Las personas que van a ver los desfiles ondean en el aire banderas pequeñas.

Durante esos días especiales puedes ver banderas flotando por todas partes.

Los equipos deportivos tienen banderas. Estas banderas pueden flotar sobre el marcador, en el parque, o en las paredes o techos de un estadio.

Los fanáticos de los deportes pueden ondear su banderola favorita mientras miran el juego. Las banderolas son banderas largas, estrechas y en forma de triángulo.

En los deportes se usan otras clases de banderas para mostrar o decir algo. En fútbol, las banderas indican donde están las esquinas del campo de juego. Y los árbitros usan las banderas para indicar donde cayó la pelota fuera del campo de juego.

Una bandera con cuadros blancos y negros indica el fin de una carrera de autos.

Las banderas se utilizan para enviar mensajes desde los barcos. Este barco está flotando una bandera para dejarle saber a otros barcos que hay un buzo en el agua.

En los barcos también se utilizan banderas para dar señales.
Usando estas banderas se pueden deletrear palabras.
Diferentes banderas representan cada letra del alfabeto.

Aprende el A-B-C de las banderas para dar señales

Ahora ya sabes que hay muchas clases de banderas.
Las puedes ver por todo el mundo . . .

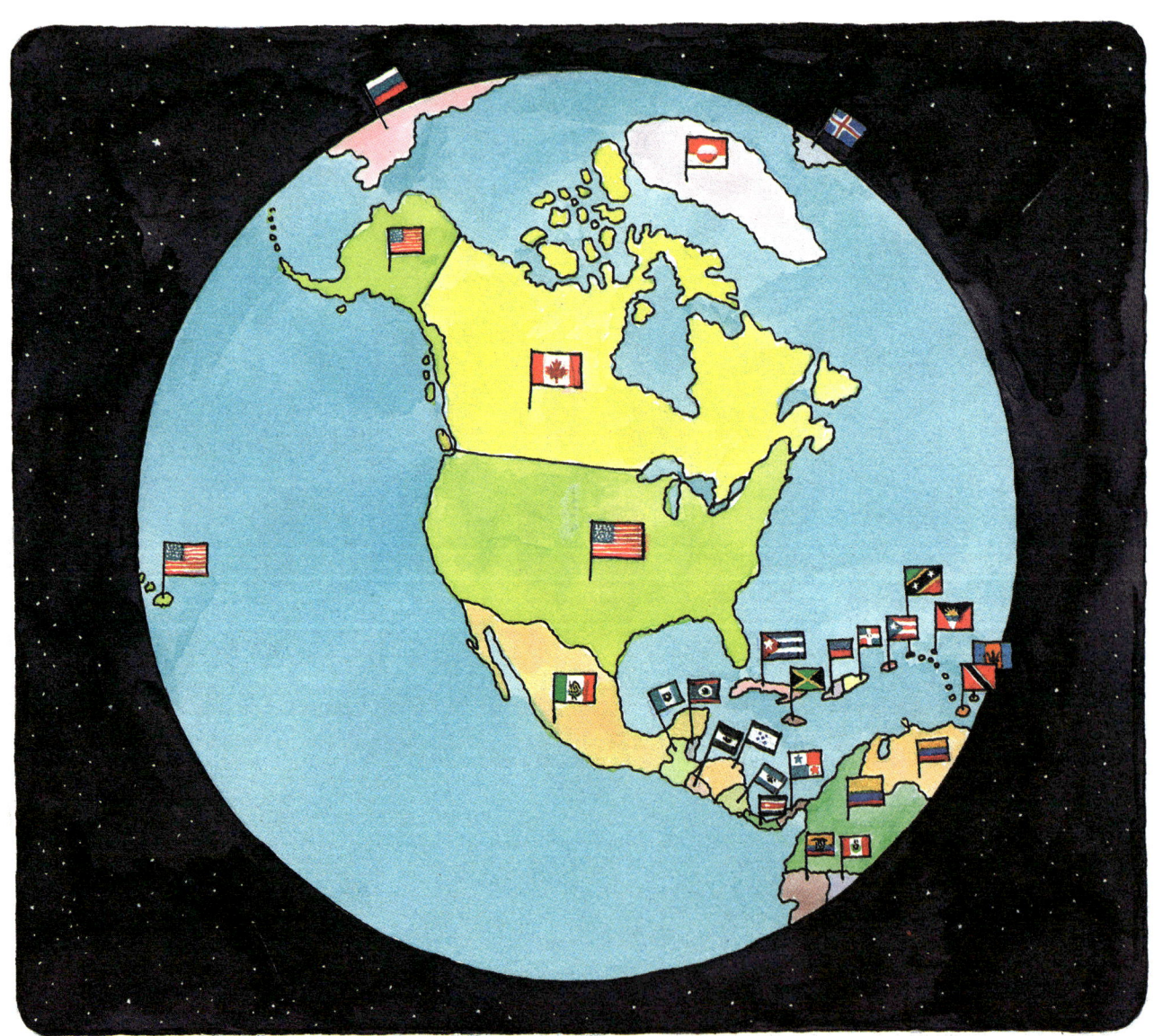

¡Y hasta en la luna!